LA CONSTITUTION

DE 1793,

Appliquée à ceux qui l'ont demandée,

OU

AVIS AUX PARISIENS.

UNE grande révolte vient de compromettre la ville de Paris et la France entière. Le sanctuaire des lois a été envahi ; la représentation nationale a été avilie ; tous les droits ont été violés ; les députés fidèles ont été outragés et chassés de leurs places ; l'un d'eux a été assassiné par les révoltés ; sa tête, après avoir été présentée au président, et être restée long-tems sur-le bureau, a été scandaleusement promenée au bout d'une pique.

Pendant que les représentans mis en fuite, se concertoient ailleurs pour prévenir de plus grands désordres, quelques-uns de leurs collègues, devenus les idoles des révoltés, éblouis par l'éclat d'un triomphe éphémère, comptant sur la constance de leur succés, souriant au spectacle hideux de

(1795)

la tête de leur collègue , contemplant avec une féroce complaisance ce trophée de leur victoire , (présage sinistre et trop certain du sort qu'ils préparoient à tous les honnêtes citoyens) , délibéroient au milieu des piques et des bayonnettes qu'ils avoient appelées pour protéger leur usurpation de la souveraineté nationale ; ils ne planoient sur les vociférations d'une multitude effrénée et en délire , ils ne suspendoient les déclamations virulentes de ses orateurs , que pour déclarer que , depuis le 9 thermidor , la convention nationale avoit été constamment opprimée ; que de ce moment seulement elle jouissoit , grace à l'énergie du peuple , de la liberté nécessaire pour s'occupper utilement de son bonheur ; et tandis qu'ils protestoient ne vouloir user de leur triomphe que pour remettre en activité les principes de l'humanité et de la justice , qu'à cet effet ils proposoient la suppression de la peine de mort ; ils organisoient par leurs décrets le retour à l'anarchie sanguinaire et dévorante que la révolution du 9 thermidor avoit comprimée ; ils forçoient le président courageux et fidèle , à mettre aux voix sa propre arrestation ; ils adoptoient les mesures les plus violentes ; ils dictoient à la patrie des lois désastreuses , que les tyrans les plus déhontés n'eussent jamais osé avouer (1).

---

(1) On a remarqué que dans cette séance mémorable , on n'a presque rien dit sur le pain ; et qu'il

Ces succès dus à une populace égarée , qui s'intituloit le peuple , eussent couvert Paris d'un opprobre éternel , si les vrais citoyens ne se fussent réunis pour prévenir de plus grands désastres. Mais , ô honte ! ô douleur ! il falloit qu'un évènement moins important leur manifestât les intentions et la force des révoltés.

Ce peuple de Paris qui étoit si joyeux , ou tout au moins si apathique , lorsqu'il voyoit conduire à la mort , et par milliers , des victimes dont l'innocence étoit notoire et reconnue : ce peuple, dis-je , est devenu tout feu ; il a su braver tous les dangers , lorsqu'il a s'agi de faire triompher ceux qui l'égarent pour le détruire. Il a soustrait au glaive de la loi , il a arraché des mains du bourreau , le monstre condamné pour avoir porté , au bout d'une pique , la tête d'un représentant (1) ; il a prostitué à cet antropophage tous les honneurs du triomphe ; il a prouvé à l'univers indigné que son vœu ne fut jamais que de protéger le crime , depuis qu'il s'est vu réduit à l'impuissance de persécuter la vertu (2).

---

n'a point été question de la constitution de 1793 qui étoient le signe et le cri de ralliement.

(1) Cet homme est mille fois plus féroce , mille fois plus coupable que l'assassin ; malheur au pays où cette vérité a besoin d'être démontrée.

(2) Ceci n'est point pour ce que moralement et

Ce concours de procédés est le cachet de la démoralisation extrême. Aussi la France ne doit-elle qu'aux allarmes de l'égoïsme violemment menacé, les secours que la raison et le bien public n'avoient pas pu en arracher. L'intérêt personnel s'est identifié avec celui de la patrie. La peur a préparé et assuré les succès. Car, il ne faut pas se faire illusion, si les révoltés n'avoient été aussi lâches qu'ils sont féroces, si ceux qui se sont montrés pour les combattre n'avoient eu le courage de la peur, Paris ne seroit dans ce moment qu'un monceau de cadavres et de ruines.

Les grands mouvemens des 1er. et 2 prairial n'avoient pu dessiller les yeux aux insoucians; la soustraction d'un cannibale au glaive de la loi a seule fait verser la mesure. On a senti que l'objet de ces mouvemens étoit de faire triompher les systêmes et les successeurs de Robespierre, et que l'impunité

politiquement parlant on peut appeler le peuple de Paris. Je l'applique à cette horde d'hommes qui n'ont pas même de titre pour être admis au rang de citoyen ; qui toujours prêts à se réunir pour empê. cher le bien et pour faire le mal, sont dans touts les pays les instruments des factions révolutionnaires ; et qui s'intitulent audacieusement le peuple de France, quoiqu'ils ne soient qu'un point, même de la minorité.

du dernier crime mettoit le dernier sceau à leurs succès (1).

On s'est montré, et la bonté de notre cause a fait tous les frais de la victoire. Les larmes n'arrosent point nos lauriers ; les regrets ont été relégués dans les cœurs des coupables ; plusieurs sont arrêtés. Quelques individus ont expié leurs forfaits par une mort exemplaire ; mais ce ne sont encore que les agens bien subalternes de la faction, de cette faction sanguinaire et liberticide qui, se frayant, par le sang et le pillage, une route commode pour arriver à la plus despotique souveraineté, cherchoit à associer le plus de monde possible à ses crimes, afin d'intéresser le plus de monde possible à sa défense.

Les malheureux dont la tête est tombée sous le glaive de la justice n'étoient que des agens, et des agens bien subalternes ; ils sont bien moins coupables que les chefs, et sur-tout que ces chefs qui avoient conçu, organisé et exécuté les projets de révolte ; ces chefs ne sont point punis ; déjà même

---

(1) Avouons-le à la honte de certains parisiens. On auroit fait une armée, non pas formidable, mais nombreuse, de ceux qui ne se sont pas montrés. *Moi de plus ou de moins ne fera rien à l'affaire* ; voilà leur calcul. C'est ce raisonnement qui a tout perdu, et qui fait qu'on ne remédiera à rien.

ils ont trouvé des patrons qui ont proposé des mesures dilatoires ; et quoique ces mesures aient été rejettées, ils ne sont point encore mis en jugement.

Cependant la loi doit être égale, soit qu'elle protége, soit qu'elle punisse. (1) Si elle adopte des nuances, ce n'est que pour graduer les peines sur la gravité et l'importance des délits. La mesure de cette gravité dépend d'une foule de circonstances. L'objet du crime, ses résultats réels ou présumés, le caractère politique des coupables, la confiance publique plus ou moins trompée, les moyens de s'assurer de l'impunité, et mille autres considérations qu'il seroit trop long de libeller ; voilà ce qui détermine les nuances, que la loi doit adopter pour l'application des peines. Mais elle punit de la même peine, les complices du même délit ; si quelquefois elle use d'indulgence, c'est pour pardonner à l'erreur ; quand elle a frappé des coupables qui n'étoient que séduits, elle ne fait point grace aux véritables auteurs du crime. Dans les cas ordinaires, cette indulgence seroit foiblesse ; dans les crimes d'état, elle seroit une

––––––––––––––––––––

(1) Cette vérité est de tous les temps et de tous les lieux. Je l'invoque avec confiance contre les révoltés, parce qu'elle est consignée dans leur constitution de 1793.

trahison. Que penseroit-on d'un tribunal qui con-
damneroit à mort, l'ouvrier qui a forgé le poi-
gnard, et qui feroit grace à celui qui l'a plongé
dans le sein de la victime ? Ce seroit une violation
scandaleuse du principe de l'égalité. Le gouvernement ne veut que l'égalité et la justice. La consé-
quence de cette volonté est donc que les auteurs
et les chefs de la rébellion, ne soient point traités
avec plus de douceur que les agens et les coopéra-
teurs subalternes. (1)

La condamnation de ces chefs, intéresse plus
particulièrement les habitans de Paris. Cette com-
mune a été le théâtre de la profanation du sanctuaire des lois, de l'assassinat d'un représentant,
de la soustraction violente de l'assassin au glaive
de la justice. C'est de son sein que sont sortis
les artisans de ces excès. Il ne suffit point qu'elle

---

(1) Un décret ordonne de poursuivre ceux qui ont
assassiné les prisonniers à Lyon. Pourquoi ne fait-
on pas la même chose pour les assassins du deux
septembre ?

Les terroristes ont été égorgés à Lyon. Ce n'est
peut être qu'une représaille. Les victimes du deux
septembre n'avoient ni pillé ni égorgé personne.

Les terroristes touvent des vengeurs.

Les braves gens n'en trouvent point.

Parisiens, cette infraction de l'égalité vous regarde.

les désavoue ; elle ne sera point assez lavée par l'effort magnanime qu'elle a fait pour comprimer les factieux. Ce n'est point assez d'avoir fait tomber la tête de ses conspirateurs méchaniques qui ne furent que les instrumens des vrais coupables ; il faut qu'elle rassemble tout ce qu'elle a de moyens légitimes pour faire punir, du même supplice, les grands criminels dont les menées ne tendoient à rien moins qu'à la détruire et à la déshonorer.

C'est à l'indulgence pusillanime dont on a usé envers d'autres accusés bien marquans, qu'il faut attribuer l'audace de ceux qui ont cherché à dissoudre la convention et à s'établir sur ses ruines. (1)

---

(1) Dans l'ancien régime, les riches et ce qu'on apellait les grands n'étoient jamais punis. C'étoit une coalition de ceux qui avoient ou pouvoient avoir quelque part au gouvernement ; ils se gardoient bien de se punir réciproquement des crimes dont ils étoient, ou dont ils pouvoient se rendre coupables. Les supplices n'étoient que pour ce qu'ils apelloient la *canaille*. C'étoit beaucoup quand on obtenoit leur réclusion. Voilà un des plus révoltans de tous les abus. Il semble qu'on prenne à tâche de le faire revivre. De pauvres diables sans crédit sont envoyés à l'échafaud. Mais les répresentans mille fois plus coupables, on se borne à les déporter ; qu'el est donc cet horrible privilège ? O vous qui tenez les rênes du gouvernement, et qui nous faites des peintures si énergiques des abus de l'ancien régime, faut-il donc que nous vous disions avec le poëte :

Quid rides ! mutato nomine de te, fabula narratur.

(9)

Les méchans sont insensibles aux supplices mo-
raux. La honte, la déportation n'en sont un que
pour les âmes vertueuses. Elles ne se mettent point
au cas de le mériter. Toute peine qui laisse au
méchant la moindre espérance de retour, n'est
point une punition suffisante. Dans des cas aussi
graves, aussi urgens que les grands intérêts politiques, les demi mesures font toujours plus de mal
que de bien. Elles sont un crime lorsqu'à la con-
sidération si puissante du salut du peuple, on peut
ajouter celle non moins puissante, que ces mesures
sont une infraction des lois de l'état.

Si le salut du peuple est la suprême loi, la
première et la plus importante de toutes les lois,
est de respecter et d'exécuter les lois établies pour
le salut du peuple. Rousseau a très-judicieusement
observé que la république est à la veille de sa
ruine, sitôt que quelqu'un peut penser qu'il est
beau de ne pas obéir aux lois.

Tous les malheurs dont nous avons été menacés
n'étoient que les résultats de l'infraction des lois,
et sur-tout de l'usurpation de la souveraineté nationale.

Les anciens punissoient de mort l'intrus qui
s'immisceoit dans les délibérations publiques ; c'est
que par là il usurpoit la souveraineté.

La déclaration des droits de 1793 , article XXVII, a adopté ce principe. (1) *Tout individu*, y est-t-il dit, *qui usurperoit la souveraineté du peuple, doit être à l'instant mis à mort par des hommes libres.*

Tout français avoit donc le droit de tuer les grands chefs des révoltés ; car ces chefs ont bien évidemment usurpé la souveraineté du peuple : mais une loi non-moins précieuse, non-moins respectable, défend aux citoyens de se faire justice eux-même et d'appliquer une loi pénale, avant que le fait, méritant la peine qu'elle inflige, ait été légalement déclaré. Ils doivent donc se borner à demander que les tribunaux légitimes prononcent. Il n'est peut-être pas inutile de mettre les observations suivantes sous les yeux des tribunaux.

Les lois pénales ont moins pour objet de venger le passé que d'assurer l'avenir. Ce dernier objet seroit absolument manqué, si les hommes capables de crime pouvoient être rassurés par l'espérance que les peines prononcées par la loi pourront être éludées, ou tout au moins mitigées.

------

(1) Quand je cite la constitution de 1793, ce n'est pas que je l'adopte dans tous ses points; il y a des maximes incontestables; il y en a de fausses et de dangereuses ; mais il est permis de les appliquer toutes à ceux qui l'ont faite, qui l'ont invoquée et qui en ont fait leur cri de ralliement. On peut leur dire : *patere legem quam tuleris.*

Celui qui inflige , soit en l'aggravant , soit en la modérant , une autre peine que celle prononcée par la loi, commet par cela seul un acte arbitraire , et par conséquent tyrannique. (1) Il substitue à la volonté de la loi, qui peut quelques fois , mais qui ne veut jamais se tromper, la volonté de l'homme qui peut toujours et qui veut souvent se tromper. Tout acte contraire à ces principes est absolument éversif de l'ordre, qui est le but immédiat des associations politiques.

Le législateur quel qu'il soit , quelqu'étendus que soient ses pouvoirs, ne peut altérer cette vérité sans compromettre le salut de l'état dans lequel il a cette mission importante à remplir. Si, par une confusion de pouvoir, (qui est une monstruosité politique pour quiconque a les idées les plus simples de la liberté ,) il se trouve forcé de prononcer sur des choses passées, il ne peut et

____

(1) Le respect des personnes et des popriétés : voilà l'objet du pacte social.

La loi est, de toutes les propriétés, la plus sacrée, la plus respectable.

Celui qui prend sur lui d'ajouter à la loi ou d'en retrancher la moindre chose, attente évidemment à la plus inviolable des propriétés.

Il n'attente pas moins à la sûreté des personnes.

Il viole donc le pacte social.

Son crime est donc impardonnable.

ne doit (du moins s'il veut être juste,) se décider que d'après les lois sous la foi desquelles les parties intéressées avoient agi. (1) Ses pouvoirs peuvent être sans bornes pour l'avenir, mais il est soumis aux lois préexistantes, pour les décisions à porter sur les faits antérieurs à sa mission, ou aux lois

---

(1) Alors il cesse d'être législateur. Il n'est plus que juge. Le juge ne peut ni changer ni suppléer la loi. Il ne peut décider que d'après celle préexistante. C'est au renversement et à la violation de ces principes que la France doit tous ses maux. J'ose assurer que ces maux seront incurables, tant qu'on ne reviendra pas à ces principes, et sur-tout tant qu'on ne réparera pas les torts que la violation a faits. Les insouciants, les ambitieux, les fripons, les intrigants agiront et triompheront tant qu'il sera vrai et constant qu'on peut jouir impunément du fruit de ses rapines et de ses brigandages.

C'est une chose bien piquante et bien affligeante pour les penseurs bien intentionnés, que l'opposition de l'immuable stabilité de ces principes destructeurs avec l'oscillation et la versatilité de ceux qui semblent se rapprocher des notions de la vraie politique et de la justice. Ces derniers sont comme l'éclair qui brille au milieu des ténèbres de la nuit ; il ne nous éclaire pendant l'orage allarmant, que pour nous mieux faire sentir l'horreur de ses ténèbres, et pour nous frapper de terreur par l'attente de la foudre qui va éclatter.

(13)

qu'il a lui-même promulguées. La pratique contraire
ne seroit que l'abus du droit du plus fort; ce seroit
le cachet de la plus féroce tyrannie.

Tous les codes ont proscrit l'effet rétroactif.
Les terroristes eux-mêmes en ont fait un crime dans
leurs déclarations des droits de la constitution de
1793. Ils ont eux-même proclamé que ces droits
sont sacrés et inaliénables...., que les magistrats
en doivent faire la règle de leurs devoirs, et les
législateurs l'objet de leur mission. (1) Il est im-

---

(1) Préambule de la déclaration des droits de 1793.
Selon cette déclaration, l'effet rétroactif est un crime.
Les terroristes qui invoquent aujourd'hui la constitution de 1793, n'ont jamais fait autre chose que
de donner un effet rétroactif aux résolutions mons-
trueuses qu'ils honoroient du titre de loi.

Ils ont par exemple soutenu de toutes leur forces
l'effet rétroactif donné à la loi du 17 nivôse, sur le
partage des successions.

Aujourd'hui leur plus fort argument, pour défendre
cet effet rétroactif, qui d'après leurs propres principes *étoit un crime*, ils disent qu'une loi qui révo-
queroit celle du 17 nivôse, seroit abominable, parce
que, par un effet rétroactif, elle annulleroit les par-
tages faits en vertu de cette loi du 17 nivôse. Ils
justifient ainsi un effet rétroactif, par la crainte même
d'un effet rétroactif. Sous d'autres mots, leur principe
est de ne jamais punir, ni réparer aucune injustice.

possible de n'être pas de leur avis sur ces grandes maximes.

Si donc toutes les lois anciennes ont prononcé la peine de mort contre les criminels de l'èze nation ; si la constitution de 1793 inflige la même peine aux usurpateurs de la souveraineté nationale; s'il est reconnu par tout le monde, qu'on ne peut sans crime donner un effet rétroactif à la loi qui supprimeroit aujourd'hui ou qui modéreroit la peine de mort, il est impossible que les tribunaux ne l'appliquent point aux chefs de la révolte, surtout après qu'elle a été infligée à leurs agents subalternes. La convention nationale elle-même ne peut les y soustraire, sans se mettre en contradiction avec ses principes d'ordre et de justice, et sans un abus de pouvoir qui indiqueroit l'influence allarmante du terrorisme sur ses plus importantes déterminations.

Les tribunaux n'ont donc qu'à examiner et à déterminer, qui sont les usurpateurs de la souveraineté nationale.

La France entière accuse ceux qui ont abusé du titre auguste de représentants, du caractère et des pouvoirs dont elle les a revêtus pour égarer une portion du peuple, pour le porter aux attentats dont ils avoient besoin afin d'usurper sa souveraineté, et qui ont lancé à l'échafaud les victimes

(peut-être malheureuses,) déjà immolées à la vengeance nationale.

Elle accuse ceux qui, seuls libres au milieu des poignards et des assassins, ont ou comprimé ou chassé les représentants fidèles, qui ont abusé de cet état d'oppression qui étoit leur ouvrage, pour s'emparer de tous les pouvoirs, et pour en profaner l'exercice, par l'émission des lois les plus violentes et les plus désastreuses.

Elle accuse ces députés terroristes, qui désespérés de la chûte de leurs chefs, ont entravé par leurs intrigues, leurs vociférations, les intentions bienfaisantes de la convention nationale, ont organisé les mouvemens du 12 germinal et préparé les dernières révoltes.

Elle accuse ceux qui, désespérés du peu de durée de leur triomphe, ont organisé une seconde révolte, ont fait l'impossible pour faire égorger les citoyens; par leurs concitoyens, qui ont provoqué la soustraction d'un grand criminel au glaive de la justice, qui ont mis en insurrection tout un faubourg, qui avoient résolu de dissoudre la convention pour s'établir sur ses ruines, et qui, pour prix des grands services qu'ils exigeoient de leurs agents, érigeoient le pillage et le massacre des bons citoyens en lois de l'état, et leur garantissoient la propriété et la fortune de leurs victimes.

Elle accuse ces proconsuls féroces qui arrachant à la convention nationale et aux comités de gouvernement, des pouvoirs illimités qui ne leur étoient accordés que sur la promesse d'en user pour hâter le triomphe des loix et de la justice, ne se sont montrés dans les départemens que pour y répandre la consternation et la terreur, pour se gorger du sang et de la fortune de leurs inombrables victimes, pour y afficher tous les excès du cannibalisme, de la tyrannie, de l'hypocrisie et de l'immoralité (1).

Que ces grands accusés ne se plaignent point de la rigueur des peines que la nation, que l'univers entier appelle sur leur tête. La peine de mort est écrite dans toutes les lois. Elle est ordonnée par cette même constitution de 1793 qu'ils faisoient invoquer avec tant de fureur, au moment même où ils la violoient avec une audace sans exemple. Il faut

---

(1) Les gobe-mouches (et en fait d'administration c'est toujours le grand nombre) s'étoient prosternés devant le gouvernement révolutionnaire. On leur avoit fait croire que ce n'étoit qu'une dictature bienfaisante, un pouvoir universel et absolu pour couper la racine de tous les malheurs de la patrie. Ils s'attendoient aù retour de la paix intérieure, de la justice et de l'abondance. Comme on les a trompés! et ces jongleurs jouissent en paix du fruit de leur perfidie!

donc qu'ils la subissent pour contenir ceux qui seroient tentés de les imiter.

Voilà les hommes qu'il faut poursuivre. La politique exige que l'on sévisse contre quelques-uns de leurs agens de toutes les classes. Sans les agens, les tyrans seroient sans pouvoir. Mais à la honte de l'humanité, à la honte de ces français qui se disent libres, pour un tyran qui s'abreuve du sang des citoyens, il se trouve toujours des milliers d'agens qui le secondent ; et sous ce rapport, il paroît encore plus important de les contenir. Mais n'oublions pas que ces agens eussent peut-être toujours été de braves gens, s'il ne s'étoit pas présenté des chefs qui ont abusé de leurs passions, et de la facilité de leur caractère. Sachons plaindre et pardonner cette foule abusée, dont les inquiétudes, les murmures, sont justifiés par des besoins malheureusement trop réels. La multitude des exécutions sanglantes n'a que trop corrompu la morale publique. Bornons-nous à mettre hors d'état de nuire, ceux qui pourroient faire tourner contre nous-mêmes, l'indulgence que nous devons à la misère et à l'erreur. Eclairons-les sur leurs véritables intérêts ; méditons les réflexions suivantes des sages :

Quand une république est parvenue à détruire ceux qui vouloient la renverser, il faut se hâter de mettre fin aux vengeances, aux peines, aux récompenses mêmes.

On ne peut faire de grandes punitions et par conséquent de grands changemens, sans mettre dans la main de quelques citoyens un grand pouvoir. Il vaut donc mieux, dans ce cas, pardonner beaucoup que punir beaucoup; exiler peu, qu'exiler beaucoup; laisser le bien que multiplier les confiscations. Sous prétexte de la vengeance de la république, on établiroit la tyrannie des vengeurs : il n'est pas question de détruire celui qui domine, mais la domination; il faut rentrer le plutôt que l'on peut dans ce train ordinaire de gouvernement, où les lois protégent tout et ne s'arment contre personne.

La rigueur des châtimens n'est qu'une ressource imaginée par de petits esprits, pour substituer la terreur à ce respect qu'ils ne peuvent obtenir. Les pays où les supplices sont les plus terribles sont aussi ceux où ils sont les plus fréquens. La cruauté des peines ne marque guères que la multitude des infracteurs. En punissant tout avec la même sévérité, on force les coupables à commettre des crimes, pour échapper à la punition de leurs fautes.

La cause de tous les relâchemens vient de l'impunité des crimes et non de la modération des peines. L'atrocité des loix en empéche l'exécution ; parce que, lorsque la peine est sans mesure, on est souvent obligé de lui préférer l'impunité. Les peines immodérées peuvent jetter la terreur dans les esprits, mais elles doivent bientôt avoir cet effet, qu'on ne

trouvera personne pour accuser, ni pour con-
damner (1).

Ainsi mort à ceux qui ont conçu et organisé
le projet de révolte. Mort à ceux qui l'ont exécuté
sous la direction de ses auteurs. Mort à quelques-
uns de ces agens subalternes contre qui on pourra
prouver que le carnage et le pillage sont pour eux
un besoin. Indulgence, désarmement et surveillance
pour tous les autres.

---

(1) Ceci peut s'appliquer aux mesures trop sévères.
J'en ai pour garant ce qui vient de se passer dans
les sections. La faculté d'arrêter a fermé la bouche
à beaucoup de citoyens honnêtes. La crainte de jetter
un père de famille dans les prisons, a soustrait beaucoup de terroristes au désarmement. Les passions ont
pris la place du zèle et du vrai patriotisme. Les plus
timides ont succombé ; la mesure est à-peu-près man-
quée ; le terrorisme n'a fait que changer de main ;
le simple désarmement eût procuré des renseignemens
plus étendus, plus sûrs, et par conséquent plus utiles.